COUR D'APPEL DE PARIS

APPELS DE POLICE CORRECTIONNELLE

Audience du 29 Juin 1882.

Présidence de M. le Président POUPARDIN

PLAIDOYER

POUR

M. CHALLEMEL-LACOUR

PARIS

TYPOGRAPHIE ET LITHOGRAPHIE Vᵉ RENOU, MAULDE ET COCK

144, RUE DE RIVOLI, 144.

1883

Audience du 29 Juin 1882.

Présidence de M. le Président POUPARDIN

PLAIDOYER

POUR

M. CHALLEMEL-LACOUR

MESSIEURS,

La ballade dit que les morts vont vite ; les vivants aussi ! Que de changements dans la situation de tous depuis l'heure où le procès actuel a été engagé ! M. Roustan ne représente plus la France à Tunis ; M. Challemel-Lacour n'est plus ambassadeur à Londres ; M. Gambetta ne dirige plus les destinées du pays... et les intransigeants sont devenus ministériels !

Il est vrai que nous arrivons un peu tard devant la justice : il faut en faire honneur à la loi de 1881, qui mettait à la disposition de nos contradicteurs de si grandes ressources d'ajournements et d'atermoiements. Ces délais sont véritablement douloureux — j'ai le droit de le dire — pour la justice et pour tous : un article diffamatoire a paru il y a dix mois, et nous ne pouvons en demander compte qu'aujourd'hui ; l'attaque était directe, violente, vivante, elle demandait à être saisie sur le fait. La législation de 1875 sur la presse modifiant les lois anciennes, nous permettait d'atteindre sur l'heure le délit: En effet, sous peine d'être dérisoire, la réparation doit être placée le plus près possible du délit commis. La loi nouvelle a supprimée cette garantie nécessaire et les adversaires, de délai en délai, de lenteurs en lenteurs, nous ont conduits jusqu'à ce jour avant que nous puissions nous expliquer sur la plainte que M. Chalemel-Lacour avait dû porter devant la justice.

On nous annonce, à l'heure présente, qu'un personnage considérable du parti radical commence à sentir qu'il peut bien y avoir un moment où la patience échappe et où, malgré la liberté extrême qu'on réclame pour la presse, on peut avoir besoin de la protection de la loi. M. Clémenceau, assure-t-on, a porté une plainte à son tour. Tant mieux!

Messieurs, M. Challemel-Lacour est un homme de libre discussion: il sait bien à quelles attaques peut être exposé un homme politique; il ne les craint pas, mais il croit aussi qu'il y a un terme à la résignation et qu'à un certain moment il peut devenir nécessaire de venir s'expliquer publiquement sur des faits qui portent gravement atteinte à l'honneur et à la considération.

M. Challemel-Lacour était convaincu que les allégations qui le concernaient dans l'article de M. de Rochefort, sur les affaires de la Tunis'e se rattachaient étroitement à l'affaire Roustan elle-même, et lorsqu'une plainte était portée par le Ministre des affaires étrangères, à l'occasion des incriminations dirigées contre l'honorable représentant de la France à Tunis, M. Challemel-Lacour pensait qu'une poursuite de sa part devait le conduire devant la même juri-

diction que celle où comparaîtrait M. Roustan. Il attendait l'heure
où la tête haute, il pourrait, devant le jury, avec la grande publicité des débats criminels, défier hautement la calomnie. M. Challemel-Lacour n'a pas pu se présenter devant le jury avec M. Roustan.
Il le regrette pour lui, il le regrette peut-être pour M. Roustan lui-
même, car il est permis de supposer qu'un débat plus complet, dans
lequel eussent été produits tous les documents qui sont dans nos
mains, aurait pu aboutir à une autre décision que celle qu'on con
naît. Tous les éclaircissements nécessaires, eussent été donnés dans
l'intérêt de M. Roustan devant le jury.

Il n'a pas pu en être ainsi. Il a fallu suivre l'impulsion don-
née par l'instruction à laquelle il a été procédé sur la plainte de
M. le Ministre des affaires étrangères : la Chambre des mises en
accusation n'a retenu pour la Cour d'assises que les faits de diffamation qui s'adressaient au fonctionnaire public et a renvoyé dès
lors M. Challemel-Lacour, qui n'avait point cette qualité, à l'époque
où a paru l'article de *l'Intransigeant*, à se pourvoir par les voies
ordinaires.

M. Challemel-Lacour a dû s'adresser dès lors à une juridiction, je
ne dirai pas plus humble, car toutes les justices, puisqu'elles sont
la justice, ont la même dignité, le même éclat et la même autorité,
mais moins retentissante. Nous avons été renvoyés devant la police
correctionnelle : M. Challemel-Lacour ne subit pas votre justice,
Messieurs, il l'accepte respectueusement; mais il ne l'a pas re-
cherchée, car il ne reculait pas devant un débat plus bruyant et
plus complet.

Je ne voudrais pas changer les proportions de cette affaire ; il
me semble qu'elle serait dénaturée dans une certaine mesure, si je
ne la prenais simplement, modestement, aujourd'hui que le temps
a fait son œuvre et que de longs mois se sont écoulés depuis l'ap-
parition de l'article incriminé. L'affaire se présente devant vous
Messieurs, dans des conditions plus humbles, et je ne l'oublierai

2.

pas. — Permettez-moi de reprendre le procès dans ses éléments primitifs et au point de départ.

L'article que nous poursuivons est du 27 septembre 1881; il est intitulé, avec l'éclat et la solennité qu'on donne aux numéros qui doivent produire un certain effet quand ils sont lancés dans le public : *le Secret de l'affaire tunisienne.* Ce titre est en lettres majuscules. Et puis M. de Rochefort, avec sa plume véhémente, alerte, passionnée, brillante, rédige l'article tout entier, qui s'étale à la première page du journal. Je ne lirai pas l'article complètement pour ne pas imposer une fatigue superflue à la Cour; il suffit d'en détacher quelques lignes placées au commencement et à la fin. D'ailleurs, depuis que le procès est engagé, l'article a été tellement lu, il est entré si violemment dans la mémoire de tous, qu'on peut facilement se rappeler ses termes violents, passionnés et ses affirmations hautaines et sonores!

Voici le début :

« MM. Gambetta et Roustan avaient formé une association dont le but était de faire d'abord tomber au prix du papier les obligations de la dette tunisienne et de les racheter ensuite pour quelques liards. Mais comme jamais le Bey n'aurait eu les 200 millions nécessaires à leur remboursement, les deux compères poussaient le gouvernement français à intervenir dans la régence et à prendre à son compte le paiement des obligations qui eussent été converties en 3 pour 100. M. Gambetta et M. Roustan eussent alors échangé leur tas de papier contre des coupons de rente pour une valeur de 100 millions, et ces rentes, c'étaient les contribuables qui les leur auraient servies. »

Je passe les trois colonnes qui suivent, et j'arrive aux quelques lignes retenues par M. Challemel-Lacour, visées dans la citation et qui constituent à son égard le délit de diffamation le plus caractérisé qu'il soit possible d'imaginer; tous les mots portent :

« On comprendra maintenant l'interpellation de l'ami Antonin Proust et l'acharnement de M. Gambetta à poursuivre le renversement du candide Barthélemy Saint-Hilaire pour lui donner comme remplaçant M. Challemel-Lacour. Ce dernier, en sa qualité de directeur de la *République française*, rédigeait lui-même les articles destinés à produire sur les obligations de la dette tunisienne la baisse dont on avait besoin pour les racheter moyennant un morceau de pain.

« Vous pensez si une fois Ministre des affaires étrangères, ce complice eût arrangé l'affaire ?..... »

Je resserre le débat : je ne veux point m'étendre ! je ne veux point m'égarer ! Je concentre et je précise ! la diffamation est là, le procès est là !

Voilà les passages poursuivis.

Il est bien entendu qu'avec le mot de complice, tous les faits délayés dans les trois colonnes de l'article sont imputables à M. Challemel-Lacour, à M. Gambetta et à M. Roustan à la fois, et je ne comprends pas comment on veut ramener l'affaire, en ce qui concerne M. Challemel-Lacour, à une question de rédaction de journal et de polémique ordinaire. M. Rochefort a déclaré tout à l'heure qu'il n'a jamais voulu dire que M. Challemel-Lacour pût être engagé personnellement dans une affaire financière ; en conscience, ce commentaire, de sa part, était bien nécessaire ; l'article ne permet pas d'isoler M. Challemel-Lacour, il est engagé directement, comme participant, comme intéressé, comme bénéficiaire, dans ce complot honteux où l'on trafiquait de l'honneur et du sang de la France. Il ne faut pas d'équivoque et pas de retraite.

J'insiste : pour M. de Rochefort, il y a eu un plan organisé en 1874, en 1875 et en 1876 ; un syndicat s'est constitué pour trafiquer des obligations tunisiennes. Les personnages principaux engagés dans ce complot sont MM. Gambetta, Roustan et Challemel-Lacour. Avec le passage que je viens de lire tout à l'heure, il faut reconnaître que le rôle de M. Challemel-Lacour n'est même pas le plus humble ni le plus modeste, car c'est lui qui tiendra la plume et qui, se pénétrant chaque jour des nécessités de la place, dirigera la publicité de la *République française* pour arriver à produire un grand mouvement sur le marché financier dans le but de faire descendre à rien les obligations tunisiennes pour en faire remonter plus tard les cours par un coup d'éclat, au moyen de l'intervention de la France dans les affaires de Tunisie.

Voilà le complot ! voilà l'accusation ! Et qui est-ce qui tiendra la plume, je le répète, pour rédiger les articles nécessaires au succès de ces combinaisons infâmes, c'est M. Challemel-Lacour ! M. de Rochefort ne disait pas, dans son article du 27 septembre 1881, que M. Challemel-Lacour était responsable d'un rôle de direction, de révision, d'inspection : il disait que M. Challemel-Lacour rédigeait lui-même les articles, qu'il faisait le bulletin financier qui devait aboutir à la baisse des obligations tunisiennes pour permettre plus tard une reprise sur ces titres et, par suite, comme le dit l'article incriminé, l'enrichissement des compères de l'affaire.

En vérité, on se demande pour qui M. de Rochefort écrit quand il publie de pareilles choses?

Comment! cinq, six et sept ans avant la campagne de Tunisie, ces combinaisons compliquées ont été arrêtées dans l'esprit de MM. Gambetta, Challemel-Lacour et Roustan pour amener la baisse des obligations tunisiennes et pour en faire ensuite relever les cours? On a donc oublié les évènements politiques au milieu desquels on se trouvait alors? Est-ce que le secret de l'avenir appartenait plus à M. Gambetta et à M. Challemel-Lacour qu'à M. Roustan? Est-ce qu'on pouvait calculer que six ou sept ans plus tard on pourrait entreprendre une campagne en Tunisie pour ramener la hausse sur les titres? Est-ce que cette opération à long terme était possible? Est-ce que ces combinaisons financières sont des combinaisons de longue haleine? Est-ce qu'on peut les tenir en suspens des mois, des années? Est-ce que le marché financier, impressionnable, mobile, se conduit et se dirige de si loin?

Je le demande à tous les gens de bonne foi, je le demande en face à M. de Rochefort lui-même : qui donc pouvait savoir, à l'heure des articles de la *République française*, en 1874, que l'influence de M. Gambetta pourrait s'exercer six ou sept années plus tard, sur les affaires de Tunisie?

Comment! on pouvait compter sur cette influence, en 1874 et 1875, et M. Challemel-Lacour pouvait, dès cette époque, prendre la plume et se dire : Plus tard, nous relèverons les titres tunisiens, plus tard, nous ferons la guerre, plus tard, nous mettrons la force de la France au service de nos spéculations, au service de nos convoitises honteuses.

Ah! je demande encore pour qui on écrit ces choses et qui peut se laisser tromper à de pareilles fantaisies?

Mais quand des accusations de cette nature étaient produites par M. de Rochefort, la première justification à faire devant la Cour d'assises, c'était de montrer la constitution du prétendu syndicat. Est-ce que ces choses-là se font toutes seules? sans organisation? entre M. Gambetta, M. Roustan, M. Challemel-Lacour, où est le mécanisme, le rouage? où sont les agents, les intermédiaires, les négociateurs? où est l'agence financière? où sont les prêteurs d'argent? Il ne serait pas embarrassant de les ressaisir et de caractériser le complot par l'exécution.

Non, rien, absolument rien! pas un témoin, pas un document!

On se contente, avec ce malheureux entraînement des passions politiques, de saisir au hasard, dans la mêlée des partis, des hommes qui vous sont contraires, de formuler des accusations fictives et téméraires, et quand arrive l'heure de la justification on dit : Nous n'avions pas pensé à tout cela; nous avons supposé que M. Challemel-Lacour étant rédacteur en chef de la *République française*, tous les articles sur les affaires extérieures devaient paraître sous sa responsabilité, sous sa garantie.

Mais aujourd'hui je vous presse. J'ai le droit de vous demander dans quelles conditions a été organisé ce merveilleux syndicat?

3.

Croyez-vous que MM. Gambetta, Challemel-Lacour et Roustan — je laisse de côté la convenance de l'hypothèse — aient pu se grouper pour former un syndicat, pour constituer une Commission en vue d'arriver à faire certaines opérations à quelques semaines, à quelques mois, à quelques années de distance? Un syndicat semblable a des organes, et il est toujours bien facile de les saisir. Ce n'est pas avec la publicité qui enveloppe aujourd'hui toutes les affaires politiques, toutes les affaires de Bourse, toutes les affaires privées, qu'on peut se dérober si aisément à l'investigation publique. Qui donc gérait et conduisait ce syndicat? Pas une indication, pas un indice. Vous vous contentez de soupçons flottants, vagues, insaisissables jetés sur des personnages considérables afin d'agir sur l'opinion publique.

Mais il faut faire un pas de plus. Est-il vrai que les articles publiés dans la *République française* aient déterminé, comme conséquence d'une polémique violente contre les finances tunisiennes, une baisse caractérisée sur les obligations de Tunis? C'est bien l'accusation, n'est-ce pas?

La première idée qui se présente à l'esprit, c'est qu'au moins les articles de la *République française* ont abouti à ce résultat que, le lendemain du jour où ils paraissaient, le marché impressionné, troublé, agité, se ressentait, comme contre-coup, des articles publiés et que la baisse se produisait sur les obligations tunisiennes; qu'elle s'est produite peu à peu et successivement, lentement, pendant le cours de ces deux années et demie où la polémique se continue dans la *République française;* que du premier jour au dernier, on suit cette marche toujours décroissante des valeurs, et qu'on arrive à cette situation, à ce résultat que l'on poursuivait. Eh bien, il y a vingt articles publiés dans la *République française;* je les ai tous là, et il sera d'un certain intérêt pour la Cour de les feuilleter ; je me permettrai seulement d'y faire quelques emprunts pour en bien caractériser la signification.

Il y en a quatre parus dans le courant de 1874, du 10 février au 28 octobre ; il y en a quatorze ou quinze parus en 1875, du 8 mars au 18 septembre, et trois qui ont paru en janvier, février et avril 1876. Là, la correspondance tunisienne est interrompue et les articles cessent de paraître. Nous avons donc là tous les articles.

Nous avons fait faire un travail, un relevé complet de l'état des cours des obligations tunisiennes à la Bourse, la veille de la publication de chacun des vingt articles et le lendemain. Je ne puis pas lire à la Cour un relevé comme celui-là, et je le place seulement dans le dossier pour qu'elle le consulte ; mais j'affirme qu'en fait il n'est pas même arrivé une fois que les articles publiés aient eu cette conséquence, quand on compare le chiffre de la veille avec le cours de la Bourse le lendemain, d'amener une dépréciation du cours des obligations tunisiennes. L'auriez-vous cru, en présence des affirmations hautaines de l'article de l'*Intransigeant?* le fait matériel, le fait nécessaire, la base de l'accusation elle-même n'existe pas.

Ce qui n'est pas vrai en détail est bien moins vrai encore quand on prend la situation d'ensemble : ainsi, par exemple, quand la campagne dans le journal commence au 10 février 1874, les obligations tunisiennes sont en liquidation à 220 francs et, le 19 avril 1876, le dernier jour de la campagne qu'aurait entreprise la *République française,* dans l'intérêt que vous savez, ces obligations sont à 278 francs. Il faut avouer que voilà un syndicat qui a étrangement travaillé : quand les premiers articles ont été publiés par la *République française,* les obligations tunisiennes sont à 220 fr. sur le marché ; pendant deux ans et demi on avilit ces pauvres finances tunisiennes ; la *République française* se propose d'amener les obligations à rien ; elle engage une campagne énergique, elle veut une baisse à tout prix, et le résultat qu'elle a produit, le voici : La campagne commence quand les obligations sont à 220 fr. et elle s'achève quand elles sont à 278 fr.

J'insiste. Voici quelques chiffres :

Le 25 mai, par exemple, le cours de la veille de l'article publié est de 287 francs; le lendemain, il est de 288 et, à la liquidation, de 290 ;

Le 24 juillet, veille de l'article paru dans la *République française*, les obligations tunisiennes sont à 275 francs; le lendemain à 290 : à la liquidation, 290.

Le 15 août à 287 fr., après l'article à 291, et à la liquidation à 290.

En vérité, voilà un syndicat bien maladroit, et si ceux qui avaient engagé leurs intérêts dans la combinaison rêvaient de réaliser de merveilleux résultats quatre ou cinq ans plus tard, il faut avouer que dans le présent ils passaient par de terribles épreuves et que, dans tous les cas, la combinaison à laquelle ils s'étaient arrêtés était loin d'avoir réussi. En effet, loin que les articles aient déprécié les obligations tunisiennes, elles ont survécu, surnagé, lutté, et elles sont restées dans une situation que je me contenterai d'appeler stagnante, si vous voulez; ce n'est même pas vrai : il y a une hausse de 15 ou 20 francs, assez sensible sur des valeurs de cette nature, depuis le premier article jusqu'au dernier. Par conséquent, j'aurais le droit de dire que la hausse a été caractérisée. Mais voulez-vous seulement qu'il y ait eu immobilité? Soit! Qu'est-ce que c'est donc que ce complot? qu'est-ce que ces articles qui commençant en 1874 et continués pendant deux années, ont eu pour résultat la hausse? Enfin, je sais bien ce que c'est que l'imagination, la verve, l'esprit; il y a des heures où j'applaudis moi-même à la verve et à l'esprit; mais il y a des choses terre-à-terre, de raison, de bon sens, un côté pratique de la nature qui prend sa revanche à certaines heures et qui, après le rire éveillé par les grelots argentins, assure le triomphe du calme, du sang-froid et de la raison.

Voyons! un complot de cette nature cinq ans d'avance, une combinaison financière dans laquelle les chiffres sont le démenti de la combinaison elle-même? On travaillait pour détruire les obligations tunisiennes; elles ont résisté aux efforts tentés, et elles sont restées à un chiffre au moins égal à celui qu'elles représentaient avant les articles; elles ont même dépassé ce chiffre, dans une proportion importante à certains moments.

Ce n'est pas tout cependant !

Il faut marcher !

Les articles de la *République française*, je me demande si M. de Rochefort les a jamais lus? s'il les a lus avant d'écrire le pamphlet de l'*Intransigeant?* s'il les a lus depuis?

Ah! j'affirme qu'il ne les avait pas lus avant !

J'avoue que je croyais moi-même au début qu'au moins les articles de la *République française* étaient bien des articles financiers; sans avoir encore lu les articles incriminés, j'imaginais au moins que ce point de départ appartenait à M. de Rochefort. Je n'étais pas embarrassé de la difficulté, car enfin des articles financiers faits avec liberté d'esprit par des rédacteurs financiers, ne pouvaient engager la responsabilité de M. Challemel-Lacour; il était facile de se défendre, même sur un semblable terrain. Mais il m'a semblé qu'il était prudent, utile, qu'il convenait pourtant de se reporter aux articles publiés par la *République française* et qu'il fallait voir dans quelle mesure ces articles avaient pu être considérés comme sonnant la cloche d'alarme au point de vue des finances tunisiennes pour amener la baisse des obligations. Eh bien, j'ai éprouvé une stupeur profonde quand j'ai pris connaissance des vingt articles publiés et que j'ai pu constater que sur cet ensemble il n'y en avait que deux touchant à la question financière. Deux, pas davantage ! Je les ai tous. La Cour pourra les interroger. Qu'est-ce que c'est donc que ces articles? Ce sont uniquement des articles politiques rédigés

4.

à un point de vue spécial et particulier; non pas même au point de vue d'une atteinte portée au gouvernement tunisien, de manière à ce que mon adversaire puisse dire : Mais l'attaque au gouvernement tunisien, dans ces conditions, c'est l'attaque à la situation financière, le gouvernement tunisien battu en brèche, incessamment harcelé, ce sont les finances tunisiennes menacées, ce sont les obligations pouvant aboutir à la baisse. Non! Les articles dont je parle sont des articles de politique d'un caractère particulier; à l'époque où ils commencent, il y avait eu un personnage important qui avait été mis à l'écart en Tunisie, c'était le kasnadar; un personnage nouveau, son gendre Khéreddine, dirigeait les affaires tunisiennes. Khéreddine avait donc remplacé celui qu'on appelle dans les articles de la *République française* le vieux kasnadar; la polémique qui s'engage dans la *République française* n'a pas d'autre caractère que celui-ci : défendre rétrospectivement le vieux kasnadar et battre en brèche l'influence de Khéreddine, le nouveau ministre tunisien. Y avait-il là un intérêt personnel recommandé, servi par celui qui a pris la plume? je n'en sais rien; était-ce une inspiration patriotique ou une appréciation personnelle de la situation des choses dans le pays que le rédacteur des articles, que nous connaissons bien, visait? je l'ignore; mais ce qu'il importe de caractériser, c'est que les articles sont uniquement et exclusivement des articles politiques dans l'ordre d'idées dont je parle.

De tous les articles, voici le premier :

Tunis, 2 février 1874.

« La révolution de palais dont je vous entretenais dans ma dernière lettre, est bien définitivement terminée. Au lieu de 25 millions, payables en dix années, le Kasnadar a payé 14 millions en propriétés, diamants et bijoux, et il payera 6 millions, à raison de 500,000 francs par année. Il est libre désormais, et les gardes qui occupaient sa maison en ont été retirés. Ainsi s'est terminée cette crise gouvernementale, sans exemple dans les annales de la Tunisie par sa durée et son dénouement pacifique. »

« Le général de division Khéreddine est le nouveau chef du gouvernement. On lui attribue beaucoup de sympathies pour la France, qu'il a longtemps habitée, et les vieux habitués du café Anglais se rappellent encore sa courtoisie. Il ne faut sans doute pas attendre de lui un changement complet dans le système du gouvernement, parce que les coopérateurs intelligents lui manqueraient ; mais on doit compter sur plus de justice, d'honnêteté, et sur un vif désir de replacer le gouvernement tunisien dans l'estime des nations civilisés. Ce sont d'ailleurs ses promesses ; nous le verrons bientôt à l'œuvre. »

L'article est dans le numéro du 10 février 1874.

Vous m'avouerez, que quand la campagne commence, cette campagne entreprise dans le but que vous savez, ce n'est pas la cloche d'alarme que l'on sonne, ce n'est pas un appel, un avis aux porteurs de la dette tunisienne de se dessaisir de leurs titres ; ce ne sont pas des obligations que l'on déprécie ; on examine le changement de direction de la politique tunisienne. Voilà l'esprit de l'article ; il est beaucoup plus long, mais l'ensemble est un salut de courtoisie dans les termes les plus bienveillants, les plus respectueux, à celui qui arrive ; on salue le nouveau kasnadar, le soleil levant, avec respect et l'on considère le nouveau personnage qui arrive comme devant être sympathique aux intérêts français.

Et puis, quelque temps après, le 5 septembre 1874, voici un nouvel article où va commencer l'opposition à Khéreddine et une défense plus ardente de celui qu'il a remplacé. En réalité, il n'y a pas autre chose dans les articles ; battre en brèche le pouvoir nouveau de Khéreddine, rappeler les services rendus autrefois par le kasnadar, le faire regretter par ceux qui en France s'intéressent aux affaires de ce pays, rappeler l'influence de la France dont s'inspirait le Kasnadar, voilà les articles, mais rien de financier dans cette série d'articles, à l'exception de deux, dont je parlerai tout à l'heure parce que je ne veux pas laisser à mon contradicteur le soin de vous les signaler ; je veux présenter un tableau complet et d'ensemble.

Voici le passage important de l'article du 16 septembre 1874 :

« C'est, croyons-nous encore, à ces menées ténébreuses qu'il faut attribuer le bruit qui a couru en Europe, *via* d'Italie, d'un complot qui aurait été découvert, ayant pour but de renverser le chef du gouvernement, le général Khéreddine, pour le remplacer par le vieux Kasnadar, son beau-père. Dans tout cela, il n'y a pas un mot de vrai. Ce qui est vrai, c'est que le général Khéreddine n'est pas l'homme du progrès qu'on avait annoncé, et que le nombre de ses partisans diminue chaque jour. Peu d'instruction, peu d'intelligence, scandaleusement riche, rusé et musulman fanatique, mais magnifique tambour-major, ce qui n'a pas été étranger à la fortune du petit esclave Mingrélien, c'est pour consolider son pouvoir, qui en a si grand besoin, qu'il a voulu rendre suspect l'ancien Kasnadar et attirer de nouvelles rigueur sur lui, bien qu'il soit toujours au secret, et prisonnier avec sa famille, dans sa maison de Tunis. »

Et M. de Rochefort croit que si la pensée de la *République française* avait été d'agir sur le marché financier de manière à déprécier le crédit de la Tunisie, c'est sous cette forme que les allégations se seraient produites ! Mais il s'agit ici simplement de la personnalité de tel ou tel ministre dirigeant ; il ne s'agit pas même du bey, des conditions dans lesquelles son action pourra se manifester : on ne cherche pas la ruine de la Tunisie, son abaissement. J'ai dit à la Cour qu'elle pourrait lire la série des articles ; j'ai voulu prendre ceux du point de départ ; je prends maintenant ceux du point d'arrivée, c'est-à-dire du commencement de l'année 1876, et vous verrez que la portée en est toujours la même.

On nous écrit de Tunis :

5 janvier 1876.

« La réserve que je me suis toujours imposée concernant les bruits qui circulent, m'a empêché de vous parler d'un traité depuis longtemps en négociation entre l'Angleterre et la Tunisie, stipulant, en faveur des Anglais, des privilèges exorbitants pour leur commerce avec la Régence. Ces négociations ont commencé dès 1873, alors que Sidi-Moustapha était premier ministre, et, comme il s'y prêtait d'assez mauvaise grâce, c'est peut-être là une des causes qui ont laissé l'Angleterre impassible lors de sa chute, si même elle n'y a contribué. Ces négociations, reprises avec Khéreddine, qui a tant protesté de son amitié pour la France, ont abouti à la *Convention générale entre les gouvernements de la Grande-Bretagne et de Tunis*, *signée en langues arabe et anglaise, le 19 juillet 1875, correspondant au 16ᵉ jour de Gumad-el-Tany, 1292 de l'Héotre.* Ce traité, contenant 42 articles. est publié par *the Malta Government Gazette,* du 10 décembre 1875.

« Ce traité n'est pas encore connu à Tunis ; lorsqu'il le sera, il faut s'attendre à une explosion de récriminations contre l'Angleterre, et, plus encore, contre le premier ministre Khéreddine, qui a concédé ses immunités commerciales à la seule Angleterre, au profit des autres nations. »

Je répète toujours: Comment! ces articles-là étaient faits dans l'intérêt du syndicat et pour amener la baisse des obligations tunisiennes! Mais celui qui les écrit, nous l'avons su depuis, il existait bien réellement: ce ne sont pas des articles de complaisance faits dans les bureaux d'un journal ; c'est un personnage qui avait passé de longues années en Tunisie qui écrit, il était le partisan ardent, passionné de l'ancien ministre contre le nouveau ; il prenait parti pour le vieux Kasnadar, dont il parle avec respect et vénération, et il déprécie Khéreddine, qu'il regarde comme ne représentant pas suffisamment l'influence française à laquelle il a dû cependant son origine et sa situation. Mais dans tout cela, où donc la Tunisie est-elle dépréciée? en quoi ses intérêts sont-ils menacés? Comment peut-on voir là cette spéculation qui consiste à faire baisser les titres pour les racheter pour un morceau de pain, comme dit M. de Rochefort, et pour arriver plus tard à la faveur d'un coup d'éclat, à une restauration, à une reprise énergique qui donnerait tout à coup une valeur considérable aux obligations qu'on aurait achetées à vil prix :

Voici le dernier des articles :

19 avril 1876.

« Dans notre colonie européenne, où l'on a conscience des responsabilités, ce sentiment de colère est généralement partagé. Aussi, l'indignation s'est-elle très vivement manifestée, non contre le Bey qui est bon, et qu'on sait trop tenu en tutelle par son premier ministre, mais contre Khéreddine qui ne se maintient au pouvoir, que par l'appui des fanatiques et l'éloignement de tout homme de valeur, en apprenant le crime horrible qui vient de se commettre contre un juif, protégé français. »

C'est là un article politique, exclusivement politique. J'ai bien cherché, Messieurs, et je ne sais pas si mon adversaire aura été plus heureux ; je n'ai trouvé que deux articles dans lesquels la question financière fût effleurée, à la traverse toujours de considérations politiques de la nature de celles que je viens de lire tout à l'heure. Dans l'article du 13 avril 1875 on trouve la phrase que voici : « Quant « aux porteurs de la dette tunisienne, Khéreddine les ménera à la « faillite. »

Ah ! en voilà donc un qui parle de la question financière...

Mᵉ GATINEAU. Quelle est la date de celui-là ?

Mᵉ ALLOU. Vous ne l'avez donc pas trouvé ? (Rires.) J'ai peut-être eu tort de le citer, mais je suis d'une absolue bonne foi dans cette discussion ; l'article porte à la date du 13 avril 1875. C'est toujours à la même pensée qu'obéit le rédacteur de l'article : il se préoccupe toujours de la lutte engagée entre Khéreddine et le Kasnadar, et il dit : Qu'on prenne garde, Khéreddine mènera les porteurs des obligations tunisiennes à la faillite, c'est-à-dire que la question financière apparaît ici à tous comme un accident dans une préoccupation politique. Cela dit, je passe au second article, le seul que j'aie trouvé avec celui que je viens de lire qui touche à la question financière :

Il est du 2 juin 1875 :

« Le général Khéreddine cherche manifestement à renverser le Bey ; s'il le fait, il recevra l'investiture de l'Angleterre, et que deviendrait alors l'Algérie. — Et relativement à la dette, les coupons cesseront d'être payés — le beau-père de Khéreddine le vieux Kasnadar, un jour les a payés de sa poche ; il a payé de sa poche les coupons de 1871, 1872 et 1873. »

J'affirme qu'il n'y a pas dans les vingt articles d'autres passages qui touchent à la question financière ; il n'y a pas autre chose que les idées, les aspirations politiques que j'analyse devant vous. Mais est-ce que ce dernier passage à l'occasion de la question des finances n'est pas décisif? Est-ce que vous ne saisissez pas le vœu qui domine dans l'imagination de celui qui a écrit les articles dont il s'agit? Est-ce qu'il se préoccupe de la guerre avec la Tunisie? Est-ce qu'il songe à amener l'embarras de ses finances, la baisse sur le marché des obligations? Il pense à une seule chose : il s'est rangé sous le drapeau du vieux Kasnadar, et il cherche à miner le pouvoir de Khéreddine ; il n'a pas d'autre préoccupation, pas d'autre pensée, et quant il fait allusion à cette situation des porteurs d'obligations et qu'il dit : Qu'est-ce que vous allez devenir? c'est à la situation politique qu'il fait allusion ; il rappelle que le Kasnadar en 1871, en 1872, en 1873, a payé les coupons qui étaient arriérés...

Le vieux Kasnadar! Je lis l'article; ce n'est pas moi qui parle, c'est l'article qui le dit; il dit qu'en 1871, en 1872, en 1873, c'est le Kasnadar qui a payé les coupons quand on n'avait pas d'argent.

M° GATINEAU. L'honnête Kasnadar qui a volé 75 millions !

M° ALLOU. Il ne s'agit pas ici de l'honnêteté du Kasnadar...

M° GATINEAU. Pardon! mais les inspecteurs des finances ont prouvé contre lui qu'il avait volé 75 millions.

M° ALLOU. Ce n'est pas la question, et je vous demande la permission de bien préciser mon argumentation : Je ne défends ni Khéreddine ni le Kasnadar. Voyons, vous n'allez pas ici, comme à la Cour d'assises, déplacer le terrain du débat. Ah! vous n'arriverez pas ici à ce triste résultat, qui a été un spectacle lamentable pour tous les honnêtes gens, de passer à côté d'accusations graves dans une lutte où se trouvait engagé l'honneur d'un fonctionnaire français, en recherchant des accusations secondaires, accessoires, misérables, qui dénaturaient le débat et en changeaient la portée. Non; il fallait arriver devant la Cour d'assises, comme il vous faut arriver ici, soutenant vos affirmations téméraires, vos affirmations elles-mêmes, au

lieu de les remplacer par des inculpations voisines et collatérales. Ici, tous les articles sont des articles politiques, et lorsqu'on parle du Kasnadar et de Khéreddine, on en parle au point de vue de la lutte engagée entre ces deux personnages : il n'y a pas autre chose dans cette polémique; c'est une sorte d'hymne universel qu'on voudrait voir s'élever chez nous en faveur du vieux Kasnadar, c'est l'influence de la France que l'on a en vue.

Mais il faut faire un pas de plus dans cet ordre de démonstration. Il y a un complot, dites-vous, et M. Challemel-Lacour est un complice, comme l'a dit M. de Rochefort. Dans ce complot, il y a M. Roustan. Il est là-bas sur les lieux.

Qu'est-ce qu'il disait de la polémique engagée en France, non pas seulement par la *République française*,— il y avait vingt journaux qui soutenaient la même opinion, — mais de la polémique de la *République française* et de ces articles dirigés contre le pouvoir nouveau de Khéreddine?

M. Roustan était au désespoir! il jetait des cris d'alarme et s'adressait, sur les sollicitations du bey, au ministre des affaires étrangères, pour demander les motifs de cette polémique et pour demander en même temps qu'elle fût combattue, dans la mesure du possible, parce qu'elle était de nature à faire beaucoup de mal aux intérêts français en Tunisie, et alors voici que le bey de Tunis s'adressait — chose exceptionnelle — à notre ministre résident, et lui disait :

« Monsieur le chargé d'affaires, à la date du 8 juin 1875, certains organes de la Presse française se signalent par leur violence contre notre administration; on emploie de préférence les personnalités et la calomnie dirigée contre Khéreddine. Vous êtes édifié sur la moralité des mobiles auxquels on obéit..... »

Voilà quelle était l'impression produite sur le bey par les articles dont on vous parle, entre autres par ceux de la *République française*; j'avoue, d'ailleurs, que ces articles étaient bien de nature à impressionner le Bey.

Que fait alors M. Roustan, un des trois complices de l'affaire, selon vous? Il écrit la lettre suivante à M. le ministre des affaires étrangères.

« J'ai déjà eu l'occasion d'entretenir Votre Excellence d'articles parus dans la Presse française et dirigés contre l'administration tunisienne. Ces attaques ont pris, récemment, un caractère plus affligeant et plus particulièrement aggressif contre Khéreddine; il nous arrive par chaque courrier des journaux contenant des articles hostiles. Jamais, peut-être, la presse ne s'est tant occupée des affaires de la Tunisie qu'en ce moment, bien qu'il n'y ait aucune raison sérieuse pour cela; on est donc obligé de reconnaître que ces articles sont le fait des ennemis personnels du général Khéreddine; celui-ci m'a fait adresser récemment une lettre dont je vous envoie copie, et qui proteste contre ces accusations. Je ne sais si le Bey souffre avec peine l'influence de Khéreddine, dans tous les cas, rien ne m'autorise à le penser..., etc. »

Eh bien, voyons, l'heure est venue des confessions; est-ce que M. de Rochefort pense sérieusement que cette lettre est une comédie dans la grande comédie, une intrigue dans la grande intrigue? Est-ce que vous pensez que, si M. Roustan était d'accord avec M. Challemel-Lacour, si la polémique de la *République* était en partie son œuvre, M. Roustan aurait demandé en grâce au ministre des affaires étrangères de le débarrasser de ces correspondances qui le gênaient?

Comment, M. Roustan est d'accord avec MM. Gambetta et Challemel-Lacour : ces articles ont pour eux une portée, une signification financière et non politique, et voilà M. Roustan qui s'adresse au ministre pour les arrêter. — Ah! c'est qu'il ne s'agissait nullement là d'un complot, mais d'un embarras véritable pour notre ministre; c'est qu'il s'agissait bien dans toute cette polémique, je reviens encore sur ce point, d'articles purement politiques. Ces articles, quand nous les examinons, ne tendent pas le moins du monde à la dépréciation des valeurs tunisiennes, ils tendent purement et simplement à critiquer le ministre du bey, en faisant valoir la politique et les actes de son prédécesseur. Mais de qui donc M. de Rochefort tient-il ces renseignements précieux? Qui l'a guidé? Qui l'a inspiré? Qui l'a instruit, s'il aime mieux?

Vous avez dit d'abord que c'était un diplomate autorisé que vous nommeriez quand l'heure serait venue.

Nous avions cru, à un certain moment, en voyant entrer certains personnages dans la polémique engagée entre M. de Rochefort et M. Roustan, qu'il s'agissait de M. Oscar Gay de Tunis, ou de M. de Billing..., mais quand on a été amené à parler, nous avons su que c'était un Tunisien, un certain Mohamed-Arrif-Effendi qui avait renseigné M. de Rochefort. Quelques incrédules ont dit alors avec un certain étonnement que ce Mohamed n'avait pas pu donner, à ce moment, des renseignements sur les prétendus agissements de MM. Challemel-Lacour et Gambetta, attendu que c'était un personnage que l'on ne prenait plus au sérieux depuis longtemps, qui avait été condamné pour faux et enfermé comme fou à Constantinople, où il était mort.

M. de Rochefort a répondu qu'Arrif Effendi n'était pas mort, et qu'à ce moment même, il était enfermé dans la ville de Kérouan, en dehors de laquelle se tenaient nos soldats. — C'était là que M. de Rochefort allait chercher ses renseignements pour mieux servir les intérêts de nos nationaux!

Ce n'est même plus cela que l'on dit aujourd'hui. Où est donc la vérité? Nous nous y perdons!... Mohammed est-il mort ou en vie?

Est-ce lui définitivement qui a préparé votre dossier? Si c'est lui, c'est un témoin sans valeur. Si ce n'est pas lui, vous n'avez pas même une référence et un point d'appui, et votre histoire n'est qu'un conte oriental de plus.

Mais il faut arriver à la conclusion de toutes ces explications.

Que disait M. de Rochefort dans son article? Il ne disait pas, comme il le prétend aujourd'hui, que M. Challemel-Lacour n'avait été que le contrôleur des articles, en sa qualité d'Administrateur de la *République française*. Non, il soutenait que M. Challemel-Lacour avait rédigé lui-même les articles qu'il dénonçait avec tant de sévérité à l'opinion publique; il disait, de la façon la plus nette, — et quand il s'agit de langage, je suis tout prêt à reconnaître la supériorité de M. de Rochefort; il possède une langue claire, flexible, incisive, et il lui est impossible de faire croire qu'il n'a pas dit exactement ce qu'il voulait dire, — il disait, je le répète, de la façon la plus nette : M. Challemel-Lacour rédigeait lui-même les articles.

M. de Rochefort dit aujourd'hui : Qu'est-ce que c'est donc que cette susceptibilité? Qu'est-ce qu'il y a de plus simple que d'accuser un homme de rédiger des articles financiers dans un journal? — Et il ajoute : J'en fais tous les jours autant dans mon journal....

M. DE ROCHEFORT. — Non ! non! Je n'ai pas dit cela ! Jamais le journal l'*Intransigeant* n'a entrepris de campagne financière ! Vous ne m'avez pas compris; j'ai dit que, comme directeur, M. Challemel-Lacour était responsable des articles qui paraissaient dans son journal, comme je pourrais l'être, au moins moralement, de ceux qui paraîtraient dans le mien.

M* ALLOU.— Je vous ai parfaitement compris. Et alors je vous demande ce qui reste, pour la moralité et l'honneur d'un homme, quand il a prêté son concours de direction, de contrôle, comme vous voudrez, à la rédaction d'articles qui avaient pour but et pour objet de déprécier, dans une pensée de spéculation personnelle, les valeurs tunisiennes? Croyez-vous que, même réduite à ces proportions, l'accusation n'est pas outrageante?... Est-ce que vous l'accepteriez pour votre compte? Quand j'ai fait mine d'en parler, tout-à-l'heure, en ce qui vous touche, vous vous êtes révolté. — Permettez donc à M. Challemel-Lacour de se révolter à son tour !

Vous aviez dit que M. Challemel-Lacour avait permis, en connaissance de cause, que l'on insérât dans la *République française* des articles destinés à faire baisser des valeurs que l'on rachèterait plus tard; j'ai dit que vous lui adressiez là l'injure la plus grave que l'on puisse adresser à un honnête homme, et vous l'avez prouvé vous même par votre interruption.

Mais quant au fait lui-même, il est encore matériellement et absolument faux. Vous aviez dit que M. Challemel-Lacour était directeur de la *République française* et qu'il rédigeait lui-même les articles en question. Vous avez déjà abandonné la moitié de votre affirmation, vous êtes convenu de ce fait qu'il ne rédigeait pas lui-même les articles, mais qu'il les voyait et qu'ils paraissaient sous son contrôle. Eh bien, M. Challemel-Lacour n'a été rédacteur en chef de la *République française* qu'à une époque postérieure à la publication des articles; en effet, le dernier article porte la date du mois d'avril 1876, et M. Challemel-Lacour n'est devenu rédacteur en chef de la *République française* qu'au mois de juillet de la même année, alors que les derniers articles avaient paru.

Voici un certificat que j'apporte à la Cour, et qui constate ce que j'avance; on pourrait encore produire les livres du journal; les émargements de M. Challemel-Lacour établiraient suffisamment la date de son entrée comme rédacteur en chef :

Paris, le 19 Décembre 1881.

« MONSIEUR,

« J'ai fait compulser les écritures et la comptabilité de la Société de la *République française*, et je certifie qu'il en résulté la preuve que M. Challemel-Lacour n'est devenu rédacteur en chef de la *République française*, qu'au commencement du mois d'août mil huit cent soixante-seize (1876). »

Veuillez agréer...,

L'Administrateur délégué de la Société anonyme de la République française,

HICKEL.

Eh bien, vous venez déjà de nous concéder le premier point, et voilà qu'il faut maintenant nous concéder le second, car il faudrait, pour vous donner raison, que M. Challemel-Lacour ait eu la direction du journal et lui ait donné l'impulsion à la date que vous indiquez.

Vous savez bien, du reste, comment les articles ont été faits... L'auteur lui-même a paru au procès; vous avez été bien sévère pour lui; j'ai le droit et même le devoir, permettez-moi de le dire, de le défendre un peu ici.

M. Desfossés a quitté le barreau, nous savons tous comment : il s'était mêlé à des affaires commerciales; on lui a dit : Choisissez! Il a choisi, voilà tout! Maintenant, faites, si vous le voulez, des commentaires sur les statuts de notre ordre et sur leurs exigences, mais vous avez jeté sur un homme qui a été notre confrère l'insulte la plus abominable, et vous l'avez fait sans ménagement, et, permettez-moi de vous le dire, sans justice.

C'est M. Desfossés qui a fait les articles dont il s'agit. Quand M. Challemel-Lacour est arrivé à la direction du journal, il a arrêté tout court cette publication; cela est, du moins, probable, car vous ne trouvez plus, au journal, les articles de M. Desfossés à partir du moment où M Challemel-Lacour devient rédacteur en chef de la *République française*. Il voulait peut-être, en les arrêtant, répondre à ces attaques dont se plaignait Khéreddine, et qui blessaient si vivement le Bey.

Cela est possible, je ne l'affirme pas; mais ce qui est certain, c'est qu'à la date de son arrivée, les articles cessent de paraître. Je dis donc que vous l'avez offensé de la manière la plus cruelle par les imputations contenues dans les articles que nous venons dénoncer aujourd'hui à la sévérité de la Cour.

En ce qui concerne ma demande, je n'ai même pas besoin de la justifier; il faut une réparation. Au point de vue de la loi, la Cour fera ce qu'elle voudra, je n'insiste pas; mais il faut une réparation pécuniaire.

Oh! M. Challemel-Lacour ne craint pas beaucoup que M. de Rochefort puisse répéter longtemps encore qu'il a bien besoin d'argent : je puis vous dire d'avance que la somme qu'il vous demande à titre de dommages-intérêts, il la destine à une œuvre généreuse. Je vous en conjure! avant de l'attaquer demain, dans votre journal, attendez un peu! Attendez de voir l'usage qu'il va faire de la somme que vous allez être condamné à lui payer.

Ce qu'il y a de certain, c'est que, dans une affaire de cette nature, après les échappatoires et les subterfuges dont on a usé pendant dix mois envers nous, il faut une réparation pécuniaire qui atteigne la caisse du journal; il faut une réparation *anglaise* — je puis bien parler de l'Angleterre, puisqu'il s'agit ici d'un homme qui a eu l'honneur de représenter la France à Londres — il faut, en un mot, une réparation qui se solde par un gros chiffre. C'est une jurisprudence nouvelle qu'il serait bon d'inaugurer en même temps que la loi nouvelle; c'est là une nécessité absolue; c'est la garantie nécessaire, impérieusement nécessaire.

J'aurais fini; mais ce n'est pas assez, dans un débat de cette nature et de cette gravité; il faut encore protester contre l'attitude de M. de Rochefort.

Comment! la question tunisienne n'était qu'une spéculation!

Comment! à en croire vos outrages et vos insultes, l'intervention de la France n'était pas nécessaire pour répondre aux provocations insultantes de la Tunisie, pour la sûreté de notre colonie de l'Algérie! Cette intervention était inutile? Comment! quand dans le vieux monde, il semble hélas, que le soleil de la France se voile, nous n'avons pas le droit de tourner les yeux du côté de ces terres mystérieuses, où nous pourrons trouver peut-être un peu de grandeur? Chaque jour on pénètre plus profondément cette Afrique inconnue; les découvertes succèdent aux découvertes! Nous nous rappelons cette carte de l'Afrique de notre enfance ; lorsqu'on y jetait les yeux, on y voyait, au point de vue de la civilisation, quelques points isolés sur le littoral, le reste était, pour la science elle-même, une vaste étendue de sables déserts et sans eau ; et voilà que ces contrées inconnues ont livré leur secret à des explorateurs hardis ! voilà que des forêts couvrent ces déserts ! qu'une population innombrable les habite, que des fleuves, les plus grands du monde, y roulent leurs flots tumultueux, que de richesses merveilleuses sont là, partout, au dehors ou dans les entrailles de la terre ! dans cinquante ans il y aura là partout, d'espaces en espaces, des centres actifs de colonisation et de progrès, et dans cent ans, Messieurs, ah ! dans cent ans c'est là que sera le Nouveau-Monde !

Et vous croyez que ce n'est rien, avec un pareil avenir, que cette prise énergique de l'Afrique du Nord ? Et vous croyez qu'il est bon que la France se désintéresse de tout cela ? Vous croyez que, quand sa grandeur s'est momentanément éclipsée sur le continent, l'heure est venue de s'effacer encore ? Il y a des gens qui disent aujourd'hui : Pourquoi nous mêler à cette question d'Égypte ? Que l'Islam reprenne possession de la côte africaine et que s'écroulent en même temps, sous le drapeau tricolore, les conquêtes glorieuses entreprises jadis sous le drapeau blanc ! Occupons-nous de la mairie de Paris ! A la bonne heure, voilà une question importante, une question actuelle, intéressante pour le pays ! C'est là ce que pense M. de Rochefort.

Messieurs, c'est ainsi qu'on laisse dépérir la grandeur et l'honneur de la France !

Dans ces polémiques impies, c'est bien quelque chose que les coups portés à des hommes honorables, à de vaillants serviteurs de l'État ; mais ce n'est rien encore que leur douleur : soit ! c'est le char de la Révolution qui passe !

Mais ce qui est impie, c'est le déchirement de la France qui saigne et qui pleure !

Dans cette question de la Tunisie, les susceptibilités de l'Angleterre et de l'Italie s'apaisaient; vous les avez réveillées, passionnées. J'ai là les journaux anglais, les journaux italiens, au lendemain du procès Roustan : ils appellent le procès Roustan un procès d'Etat. Ils disent : ce procès est la condamnation de la France en Tunisie. — Ce procès va précipiter la catastrophe, — la corruption, comme a dit Tocqueville, est bien un des vices inhérents à la démocratie. — La France est un pays souillé, ses diplomates sont partout ce qu'a été M. Roustan. Ils sont tous les mêmes. — Je ne veux pas lire, mais le cœur se serre à de pareils outrages; c'est vous qui les avez déchaînés. Comment fait-on pénitence, Messieurs, quand on a commis le crime de lèse-patrie? Comment demande-t-on pardon quand on a frappé sa mère?

Il faut que la République vive, et, pour qu'elle vive. Il faut qu'elle soit un gouvernement, il ne faut pas que la presse soit ce que nous la voyons chaque jour à côté de nous, ce que vous la faites vous même : un moyen de satisfaire certaines vengeances inavouables sous l'apparence de la recherche d'agissements honteux.

Non, il ne faut pas que cela soit! Il faut que la République soit le respect et la garantie des droits de tous! Il faut qu'elle soit la conciliation des idées de liberté et de progrès, avec tous les intérêts de moralité, de conscience, de justice, qui sont le fondement nécessaire de toutes les sociétés humaines!

40393   Paris. — Imprimerie Vᵉ RENOU, MAULDE ET COCK, rue de Rivoli, 144.